AF554079

VIE

DE

SAINT-MAURICE

(DE LOUDÉAC)

ABBÉ

DE LANGONNET ET DE CARNOËT

(1113-1191)

QUIMPERLÉ
IMPRIMERIE DE TH. CLAIRET, GRAND'RUE.

1880

VIE

DE

SAINT-MAURICE

(DE LOUDÉAC)

ABBÉ

DE LANGONNET ET DE CARNOËT

(1113-1191)

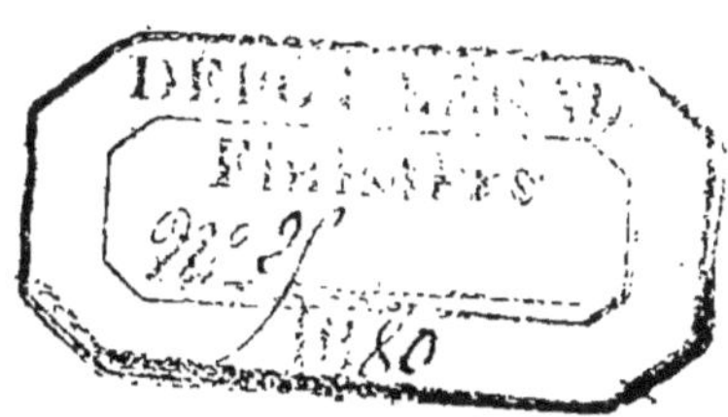

QUIMPERLÉ

IMPRIMERIE DE TH. CLAIRET, GRAND'RUE.

1880

VIE

DE

SAINT-MAURICE (DE LOUDÉAC)

ABBÉ

DE LANGONNET & DE CARNOET

(1113-1191)

AVERTISSEMENT

Les Révérends Pères du Saint-Esprit et du Saint-Cœur de Marie, qui dirigent l'établissement de N.-D. de Langonnet, renfermant une école secondaire, un scolasticat, un Noviciat de frères pour ceux qui se destinent aux Missions, se préparent à célébrer prochainement une grande solennité en l'honneur de St.-Maurice, abbé de Langonnet et de Carnoët. Cette solennité aura pour cause occasionnelle la Translation de Carnoët à Langonnet, d'une portion assez considérable des restes mortels d'un saint dont la mémoire est restée entourée de vénération, dans tout le centre de la Bretagne et principalement dans les trois diocèses de St.-Brieuc, de Quimper et de Vannes.

Les Pères de Langonnet ont désiré profiter de cette circonstance pour raviver parmi le peuple le souvenir de la vie admirable du saint abbé, le souvenir des belles vertus, dont il a donné le modèle en sa personne, le souvenir des bienfaits de tout genre que Dieu a répandus sur le pays, par la médiation de son fidèle serviteur. Or les enfants du vénérable Père Libermann n'ont pas voulu, par excès de modestie, se charger eux-mêmes de ce petit travail de Biographie et d'hagiographie. Ayant eu vent que nous nous occupions, depuis quelques années déjà, de recueillir les plus anciennes vies latines des saints de Bretagne, ils se sont adressés à nous, et nous ont prié de composer à leur intention une nouvelle vie de St.-Maurice de Langonnet. Nous pouvions d'autant moins nous refuser, à de pareils vœux, que les liens les plus étroits de la reconnaissance nous unissent à la pieuse congrégation religieuse à laquelle appartiennent les dits Religieux.

En conséquence nous nous sommes empressé de faire droit à leur demande. Telle a été l'occasion de la biographie que nous publions aujourd'hui.

INTRODUCTION.

La Sainteté au XIIe Siècle. — S^t.-Maurice et sa vie originale.

Division de ce travail.

Le douzième siècle est l'un des plus glorieux que présentent les annales de l'Eglise. Il en est peu, où la sainteté ait jeté plus d'éclat, il en est peu où les lettres et les arts aient été cultivés au point de vue chrétien avec plus de succès, et nous n'en connaissons aucun où la douce loi de l'Evangile ait exercé sur toutes les classes de la société une influence mieux acceptée et plus salutaire. Ce siècle avait cependant été précédé par une longue époque d'anarchie, de décadence, de ruines, mais par bonheur, au moment où il s'ouvrait et depuis quelques années déjà, on voyait poindre, grâce au travaux et à l'énergie indomptable de Saint-Grégoire VII et de ses émules, l'aurore d'une grande ère de renouvellement et de résurrection. Or, cette aurore, si belle et si radieuse en elle-même, devait encore grandir et se développer à mesure que le siècle poursuivrait son cours ; elle devait finir par faire place au plein midi de l'IRRADIATION SOCIALE du christianisme, s'il est permis de s'exprimer ainsi ; car en pareille matière, la faiblesse humaine ne saurait atteindre à la perfection.

Notre Bretagne participa longtemps à cet heureux renouvellement social et religieux. Nous en avons pour garants le B. Robert d'Arbrissel, et l'éclatante constellation de grands et saints personnages, qui gravitent autour de lui, et lui doivent une grande partie de leur sainteté, soit qu'ils aient été ses disciples immédiats, soit que n'ayant pas eu cet avantage, ils ont eu du moins celui de pouvoir profiter des grands exemples de vertu qu'avait laissés le fondateur de Fontevrault, et des enseignements salutaires, qui étaient découlés de ses lèvres bénies.

Le B. Maurice, dont nous allons esquisser la vie, mérite d'occuper une place d'honneur dans cette glorieuse pléïade, mais seulement à ce dernier titre, car il n'a manifestement entretenu aucune relation personnelle avec Robert d'Arbrissel. A peine était-il né quand celui-ci fut appelé à jouir dans le ciel de la récompense dûe à ses travaux et à ses mérites.

La VIE et les MIRACLES de St.-Maurice furent

retracés peu de temps après sa mort, par un écrivain qui avait vécu avec lui dans le siècle, et qui le suivit plus tard dans le cloître (1). C'est dire assez combien le témoignage d'un auteur placé dans de si heureuses conditions, doit inspirer confiance, et mérite de faire autorité. Or il se trouve cependant que cette biographie de notre Saint Abbé était restée jusqu'ici totalement ignorée ; aucun hagiographe breton ou autre ne savait qu'elle existait, aucun ne s'en est servi avant nous. — L'ayant découvert le premier (2). nous avons eu grand soin d'en prendre copie intégrale. Nous allons naturellement en faire la base du récit qu'on va lire. Il nous suffira même souvent, de traduire littéralement un écrit si digne d'intérêt et de confiance à tout égard. Les détails biographiques, dont on est si avide aujourd'hui, n'y abondent pas malheureusement, l'auteur, à l'exemple des anciens hagiographes,

(1) Vie latine de St.-Maurice : prologue.

(2) Ce précieux document, aujourd'hui conservé à la Bibliothèque publique de Troyes, provient originairement des Archives de la grande Abbaye de Clairvaux. Nous devons de vifs remerciments à MM. Anatole de Barthélémy, Digoin, Arbois de Jubainville, Abbé Lelore (Troyes), Rédat (Poitiers) qui ont travaillé à nous obtenir communication du manuscrit qui le renferme, et nous ont aidé à le déchiffrer.

ne s'étant guère proposé d'autre but que de mettre en relief, la sainteté et les miracles de son héros. Telle quelle cependant, cette vie de Saint-Maurice laisse bien loin en arrière, les quelques renseignements plus ou moins douteux, que l'on glanait ça et là sur le compte d'un personnage si digne de sainte mémoire.

LA VIE PROPREMENT DITE DU SAINT

Ses miracles posthumes, le culte dont il a été honoré :

Tel sera tout l'objet du présent travail. De là son partage en trois chapitres d'inégale longueur, mais bien distincts l'un de l'autre et ayant chacun leur objet particulier. Les deux premiers seront empruntés au biographe contemporain : Le troisième sera plus particulièrement le fruit de nos recherches.

CHAPITRE I.

Vie du Bienheureux Maurice (de Loudéac.)

I.

Le B. Maurice naquit vers 1113, sous le règne de Louis le Gros, au village de Groshaner en Noyal-Pontivy, au diocèse de Vannes, et dans le comté de Porhoët [1]. Ce village, aujourd'hui arrivé au titre paroissial sous le nom un peu modifié de Croixenvec, n'était pas éloigné d'une localité alors peu connue, mais qui devait acquérir de l'importance avec le temps. Nous voulons parler de Loudéac *(castrum Lodeacense)*, où les Comtes de Porhoët faisaient quelquefois séjour. Les parents du Bienheureux Maurice vinrent y habiter peu de temps après la naissance de cet enfant de bénédiction, et c'est ce qui nous explique pourquoi la tradition populaire a pu, par une confusion de noms, qui n'est pas sans exemple, et qui n'engendre pas une erreur de trop grande conséquence, assigner pour lieu de naissance au Saint Abbé de Carnoët, la ville de Loudéac et le diocèse de Saint-Brieuc, bien que

(1) Vie latine de St.-Maurice, n° 1.

de fait il fut né à Croixenvec et dans le diocèse de Vannes.

Nous sommes heureux cependant d'avoir pu rétablir sur ce point les droits un peu lésés de la vérité historique. Mais poursuivons notre sujet. Le père de notre bienheureux s'appelait DUAULT, selon la tradition, et la chose paraît d'autant mieux prouvée que ce nom s'est perpétué dans le pays de Loudéac. Il est encore aujourd'hui porté par plusieurs chefs de famille, qui tous se plaisent à considérer le Saint Abbé comme la gloire principale de leur maison.

II.

Le jeune Maurice annonça dès le premier âge les plus heureuses dispositions pour la vertu. On ne vit jamais rien en lui de puérile, ses mœurs étaient exemplaires, et la ferveur de sa piété l'élevait bien au-dessus de tous les enfants de son âge (1). Il sollicita de lui-même la faveur d'être admis à faire des études, mais comme ses parents étaient pauvres, ils n'y consentirent pas sans peine, paraît-il. Ainsi la tradition nous apprend que la mère du bienheureux le chargea

(1) Vie latine de St.-Maurice. Prolog. nº 3-10.

un jour, afin de l'empêcher d'aller à l'école, de défendre un champ nouvellement ensemencé contre la rapacité des corbeaux. Que fit-il alors le pieux enfant pour satisfaire son désir d'apprendre, sans manquer cependant à l'obéissance, qu'il devait à sa mère ? Il invoque la bonté divine à l'exemple d'un saint Breton placé dans une condition à peu près analogue, et le Tout-Puissant ne refuse pas de renouveler en sa faveur le prodige qu'il avait opéré six siècles plus tôt en faveur de Saint Paul-de-Léon. La troupe de corbeaux se laissa docilement enfermer dans une grange et y passa toute la journée sans causer aucun dommage au champ ensemencé : Ce qui permit au bienheureux d'aller en liberté écouter les enseignements de son maître habituel.

Ce trait est resté profondément gravé dans la mémoire des peuples. Les habitants de Loudéac montraient encore, il y a vingt ou trente ans la maison (aujourd'hui détruite) où le Saint recevait les leçons du maître de son enfance, et la chapelle érigée en l'honneur du B. Maurice, dans la même ville, s'élève tout près du champ où s'accomplit le prodige des corbeaux et continue d'être avec ses lambeaux de fresques et d'inscriptions un garant irrécusable de la certitude du témoignage traditionnel (1).

III.

L'étude des lettres était en grand honneur à cette date en Bretagne et la France ne comptait guère alors de provinces, qui fournissent plus de maîtres distingués, à ses écoles, plus de savants justement renommés aux lettres et à la science, témoins Abailard, Gilbert l'Universel, Bernard de Rennes, Adam de St.-Victor (2).

Le jeune Maurice marcha dignement sur les traces de tels devanciers. Ses progrès dans les lettres divines et humaines furent si rapides qu'on l'admit avec empressement dans les rangs de la Cléricature, et qu'il fut même élevé au Sacerdoce. On ignore s'il se rendit alors à Paris, comme c'était l'usage, pour y suivre les cours des maîtres renommés et s'y perfectionner dans les lettres ; mais ce qui n'est pas douteux, c'est que le jeune Duault acquit bientôt une telle renommée

(1) Nous nous faisons un devoir et un plaisir de constater que ces renseignements locaux nous ont été fournis par M. Oheix (de Trévé).

(2) Voir hist. litt. de la France, t. 9, p. 90-92.

de science qu'il fut promu à la haute dignité d'écolâtre (magister scolarum) (1).

Par malheur l'écrivain contemporain a oublié de nous dire en quel endroit le saint exerçait cette charge importante, s'il était à la tête d'une école épiscopale, ce que semble indiquer le mot *écolâtre*, ou d'une école inférieure. Quoiqu'il en soit à cet égard, il reste toujours acquis à l'histoire par une foule de documents, que les fonctions *d'écolâtre* imposaient à celui qui en était honoré, la double obligation des cours publics de belles lettres et de Philosophie au chef-lieu de l'école, et de surveiller les écoles inférieures, qui dépendaient de l'école principale. Elles étaient aussi un acheminement assez ordinaire à de plus hautes dignités, il n'était pas rare, en effet, à l'époque de l'histoire où nous sommes arrivés, de voir les *écolâtres* promus à un Evêché, à un titre de cardinal (2). Pour le B. Maurice, il avait le cœur trop haut placé pour s'abaisser à désirer et rechercher rien de ce qui passe et disparaît avec le temps. Les fonctions d'écolâtre n'avaient

(1) Vie latine, etc, n° 2.

(2) V. Les écoles au moyen-âge ; Revue des quest. Hist. t. 19, p. 520.

donc aucun attrait pour lui, par le fait seul, qu'elles lui apportaient la fortune, qu'elles l'entouraient de gloire et d'honneur. Loin de là, il considérait d'un œil scrutateur les dangers et les périls de plus d'un genre, auxquels il se trouvait exposé dans cette position élevée. Aussi ne remplit-il cette charge que pendant un fort petit nombre d'années. Bientôt il prêta l'oreille à une voix intérieure qui parlait à son cœur et le conviait à abandonner un ministère honorable et glorieux selon le monde ; mais où il est facile de s'oublier soi-même et d'oublier le soin de son propre salut. Docile aux enseignements de cette voix, le jeune écolâtre ne songe plus alors qu'à tout quitter, parents, amis, richesses et dignités, pour embrasser un genre de vie, qui ne lui imposait plus d'autres devoirs, que celui de tendre à sa perfection. (1).

IV.

L'ordre de Citeaux, récemment fondé (1098) sous la règle de St.-Benoit dans une des gorges les plus âpres et les plus sauvages de la Bourgogne, jetait alors le plus vif éclat dans l'église.

(1) Vie latine, nº 2.

C'était vers lui que couraient les Bernard, les Guerric, les Eugène III, toutes les âmes saintement avides de s'unir plus intimement à Dieu par le renoncement à elles-mêmes et au monde. Plusieurs monastères de cet ordre ne tardèrent pas à être créés en Bretage sous le patronage de la pieuse duchesse Ermengarde d'Anjou, et fille spirituelle de St.-Bernard. Ainsi, Bégard au diocèse de Tréguier, Buzai et Meilleraye dans le pays de Nantes (1131); le Relec dans l'ancien diocèse de Léon (1132).— Quelques années plus tard (1136) le monastère cistercien de l'aumôna, au diocèse de Chartres envoyait de son côté un essaim de moines en Bretagne pour y créer, au diocèse de Quimper une nouvelle maison de prières. Le lieu choisi à cet effet s'appelait Langonnet. Il était agréablement situé, sur les rives de l'Ellé, à proximité de l'ancienne voie romaine qui reliait autrefois Vannes et Carhaix. Le bruit de la ferveur de ces habitants de la solitude arriva jusqu'aux oreilles du B. Maurice dans les jours où il songeait lui même à abandonner le monde. C'est pourquoi il vint frapper à la porte de ce monastère (1142)-(1145) et solliciter la faveur d'y être admis à essayer ses forces. Le nouveau candidat de la vie monastique fut revêtu de l'habit religieux et subit victorieusement les épreuves de divers genres auxquelles sont soumis ceux qui aspirent à l'honneur de se consacrer au service de Dieu (1). L'épreuve terminée, le novice fit profession, il eut le bonheur de contracter des engagements qui l'attachaient à son créateur par des liens nouveaux et indissolubles.

V.

Une fois enrôlé sous l'étendard de St.-Benoit, le bienheureux continua avec plus de ferveur que jamais à donner dans toute sa vie un parfait modèle du moine, principalement par le rare esprit de simplicité et d'humilité qu'on remarquait en lui. Ce haut degré de vertu, auquel était parvenu le jeune Maurice, la réputation de science dont il jouissait, et l'éclat des fonctions qu'il avait remplies dans le monde attirèrent naturellement sur lui les regards de ses frères en religion et le firent élire pour abbé de Langonnet, deux années seulement après sa profession, probablement en 1145 (2). Fut-il le premier abbé de ce monastère, ou bien un autre y avait-il exercé cette charge

(1) Vie latine, n° 2.
(2) Vie latine, n° 2.

avant lui ? C'est une question qu'il nous est impossible de résoudre faute de renseignements un peu précis.

Nous sommes mieux fixés sur la durée du régime abbatial du B. Maurice. Il gouverna son abbaye de Langonnet pendant trente années consécutives, non sans avoir beaucoup à souffrir, tant de la part de ses frères que de la part des étrangers (1). Le biographe contemporain borne à ces quelques mots ce qu'il nous rapporte du séjour du bienheureux à Langonnet.

L'histoire contemporaine nous apprend en outre qu'en 1161 et 1166 il fut appelé à prendre une part active à la conclusion pacifique de deux grands débats religieux qui agitèrent alors la Bretagne.

VI.

Le premier conflit était un conflit de possession. Il s'agissait de savoir à qui de l'abbaye de Quimperlé ou du chapitre de Nantes devait appartenir l'église de Notre-Dame de la même ville. Les parties contendantes, après de longs pourparlers, convinrent de s'en rapporter à la décision de six arbitres choisis trois de chaque

(1) Vie de St.-Maurice, n° 2.

côté. Le B. Maurice fut choisi avec deux autres par les moines de Sainte-Croix de Quimperlé, dont il était voisin. Les débats eûrent lieu à Nantes, en présence de l'évêque de cette ville, et de celui de Quimper. La sentence fut favorable aux moines, elle les maintint dans la possession de l'église qui était en litige. Cependant pour ne pas exciter de trop vives réclamations de la part des chanoines, il fut convenu qu'ils auraient droit à une indemnité annuelle de douze sous [1]. Ceci se passait en 1161.

Cinq années plus tard, le B. Maurice se rendait à Quimper pour un nouveau conflit qui venait d'éclater entre l'évêque de cette ville Bernard et la même abbaye de Sainte-Croix de Quimperlé. Cette abbaye fondée un siècle plus tôt par le comte de Cornouailles, Alain Caignart avait été comblée de faveurs et de priviléges par le pieux Benoit, qui était à la fois frère du comte susdit et évêque de Quimper. Mais ceux qui succédèrent à ce prélat sur le siége de Saint-Corentin ne montrèrent pas toujours la même bienveillance. Loin de là, ils ne craignirent pas

(1) D. Morice. Pr. de Bret, t. 1, c. 644. M. de la Nicollière. Hist. de N.-D. de Nantes, page 24.

d'amoindrir et de restreindre les privilèges précédemment accordés. Ainsi l'évêque Bernard, dont nous parlons, réunit en 1166 une sorte d'assemblée synodale autour de lui, il y convoqua notre abbé de Langonnet, ainsi que les délégués du monastère de Sainte-Croix. Il y fit décider par sentence solennelle que le *droit épiscopal* qui avait été conféré aux moines sur certaines églises de leur voisinage, leur serait enlevé équivalemment, ou ne consisterait plus que dans la faculté de choisir un vicaire pour administrer ces églises et de le présenter à l'évêque pour qu'il lui donnât l'institution canonique (1).

VII.

Après avoir gouverné pendant trente années l'abbaye de Langonnet, après avoir rempli avec le plus grand zèle l'office d'un pasteur vigilant, en s'acquittant avec l'empressement de Marthe, des travaux de tout genre inhérents à cette charge, le B. Maurice jugea qu'il avait droit d'aspirer aussi au repos de Marie.

Il se démit en conséquence du premier rang

(1) D. Morice. Ibid., t. 1, c. 658. Le manuscrit. Chron. de Quimperlé, page 601.

et de la dignité abbatiale, pour aller occuper un rang inférieur, et y vivre dans l'humilité de l'obéissance comme le dernier des frères (1). Mais l'homme de Dieu ne dut pas jouir longtemps du repos de la contemplation, après lequel il avait tant soupiré. Son abdication en effet ne peut appartenir d'après nos calculs qu'aux années 1174 ou 1175. Or, quelques années plus tôt, le duc Conan III, petit-fils d'Ermengarde d'Anjou, ayant formé le dessein de fonder en Cornouailles un nouveau monastère Cistercien, avait chargé du soin de réaliser cette fondation le B. Maurice et douze de ses frères de Langonnet (2), et leur avait fait don à cet effet des terres qu'il possédait dans la forêt de Carnoët et sur les rives de la Laita, depuis Penfeunten jusqu'au village de Staernadri. Cet acte de donation ne porte point de date (3). Mais comme le duc Conan, le donateur, est mort au mois de février 1171, pendant que l'un des principaux témoins de l'acte, Geoffroi, évêque de Quimper, n'est monté sur le siége de Saint-Corentin que dans les derniers mois de

(1) Vie latine de St.-Maurice, n° 3.

(2) Vie latine, n° 4.

(3) D. Maurice. Prov. de Bret, t. 1, c. 664.

l'année 1167, il résulte manifestement de cette double circonstance, que la donation en question ne peut appartenir qu'aux années 1168-1170. Il y a lieu de croire en outre que la réalisation du projet ducal souffrit quelques années de retard en raison de la mort de Conan qui survint sur ces entrefaites, et des troubles politiques dont elle fut suivie, et qui se prolongèrent jusque vers l'année 1176. La chronique locale de Quimperlé doit donc être pleinement dans le vrai quand elle fixe à l'année 1177, la fondation de Carnoët (1).

On comprend sans peine, après ces explications, comment le B. Maurice a pu se démettre de ses fonctions abbatiales pendant la durée des troubles, par exemple en 1175, et comment ensuite ses enfants l'auront si vivement supplié qu'ils l'auront amené à reprendre les fonctions de sa charge pour diriger la nouvelle fondation.

Quoiqu'il en soit à cet égard, il est certain que le village de Carnoët n'était qu'un désert aride et desséché, une affreuse solitude (2), lorsque le B. Maurice et ses frères acceptèrent la difficile mission de le transformer, de le rendre fertile,

(1) Man. Chron. de Quimperlé, p. 615.

(2) Vie latine de St.-Maurice.

d'y élever un temple où le nom de Dieu et celui de la Vierge Marie seraient à jamais bénis.

Le Saint se rendit donc au lieu désigné et y jeta les fondements d'une Eglise et d'un monastère qui furent placés sous le vocable de la sainte Vierge comme tous les monastères Cisterciens. Maurice y eut beaucoup à souffrir. La pauvreté était extrême, surtout dans les commencements. Les serviteurs de Jésus-Christ manquèrent plus d'une fois du nécessaire (1), mais le secours du ciel ne leur fit non plus jamais défaut. Dieu intervint toujours en leur faveur en temps opportun, soit directement et d'une manière miraculeuse, soit indirectement, par l'intermédiaire de personnes de piété influentes ou assez abondamment pourvues des biens de la fortune. Au nombre de ces dernières il faut compter une noble matrone de Quimperlé dont le dévouement pour le saint homme était si connu, qu'après la mort du bienheureux, les religieux lui offrirent en gage de reconnaissance la propre ceinture du serviteur de Jésus-Christ (2) : C'est peut-être le seul fait du genre de ceux où la providence intervint en

(1) Vie latine de St.-Maurice, n° 4.

(2) Vie latine de St.-Maurice n° 5.

faveur du B. Maurice d'une manière indirecte qui soit arrivé à notre connaissance. Nous sommes mieux renseignés en ce qui touche ceux où l'intervention de Dieu fut directe ou miraculeuse. Les cinq ou six récits qui suivent suffiront à le prouver.

VIII.

Et d'abord, un jour que le saint remplissait les fonctions d'hebdomadier il avait déjà fait son entrée au chœur revêtu des ornements sacrés, il allait commencer la célébration des saints mystères, lorsque le frère sacristain vint lui annoncer avec douleur qu'il n'y avait plus une goutte de vin dans tout le monastère. On avait cherché partout sans rien trouver. En entendant de telles paroles, l'homme de Dieu ressentit comme une angoisse du cœur, et se mit à verser un torrent de larmes. Il pleura même si longtemps que les frères finirent par sortir du chœur en l'y laissant seul. Pour lui, aprés avoir bien pleuré, comme il était à la fois attristé et confus de passer ce jour sans offrir le saint sacrifice, il se rendit à la crédence afin de s'assurer par lui-même de l'état des choses. Quelle fut sa joie d'y trouver l'ampoule pleine de vin ! Il en avertit aussitôt les frères et s'empressa de célébrer la messe en leur présence, mais pour personne il ne fut douteux que le vin manquait réellement dans le monastère et que celui qui s'était trouvé dans l'ampoule était uniquement le fruit des prières et des larmes du bienheureux (1).

IX.

La bonté divine n'a pas coutume de faire les choses à demi. Elle n'avait fourni le matin qu'une petite mesure de vin, parce qu'une quantité plus abondante n'était pas nécessaire, et qu'elle eût porté ombrage à l'humilité du serviteur de Jésus-Christ. Mais il arriva vers le même temps et peut-être dans la même journée qu'un navire chargé de vin vint à passer tout près du monastère. Il se rendait de l'île de Grezet (2) à Quimperlé en remontant le cours de l'Ellé. Les frères du Carnoët étant venus trouver le maître du bateau le prièrent de leur faire l'aumône de quelques bouteilles de vin, mais il leur répondit que la chose lui était impossible, la tempête l'ayant

(1) Vie latine de St.-Maurice n° 9.

(2) Nous n'avons trouvé le nom et la situation exacte de cette île sur aucune carte, sur aucun document, mais elle n'est peut-être pas différente de celle de Groix.

forcé de jeter sa cargaison à la mer. Il ne me reste plus, ajoute-t-il, qu'un petit baril où se trouve quelque peu d'eau dont nous nous servons pour cuire nos aliments. Ce disant, il fit retirer du vaisseau le baril en question pour que les moines ne se donnassent pas la peine d'y descendre. O prodige ! Il sortit aussitôt de ce baril un vin excellent, et le maître du navire s'empressa d'en gratifier les enfants du B. Maurice (1).

X.

A quelque temps de là le monastère eût à souffrir d'un autre fléau. Les rats l'envahirent en nombre immense. Rendus insolents par leur grand nombre ils se montraient souvent en plein jour, mais ce qui les rendait souvent incommode c'est qu'ils employaient les nuits à ronger, à mettre en pièces les chaussures des frères, en particulier celles qui avaient été récemment enduites de graisse. Les religieux, qui au point de vue temporel ne connaissaient d'autres richesses que leur pauvreté, furent profondément affligés du tort qui leur était fait et ne se firent pas faute de vouer à la malédiction ces rats destructeurs.

(1) Vie latine de St.-Maurice, n° 10.

Le Vénérable Abbé fut même invité à intervenir en personne. On aurait voulu qu'il lançât contre ces rongeurs de la pire espèce une malédiction solennelle. L'homme de Dieu se contenta de dire à ses frères sur un ton moitié sérieux, moitié plaisant : « que pouvons-nous contre ces « rats ? Ce qu'il y a de mieux à faire, c'est « que chacun garde son bien, et qu'au besoin il « conserve la nuit ses souliers dans ses pieds. »

Or il se trouvait précisément que le B. Maurice avait alors aux pieds une chaussure tout nouvellement enduite de graisse. La nuit suivante il se garda bien de l'ôter de ses pieds pendant son sommeil, il eut craint qu'il ne lui arrivât malheur et qu'on ne l'accusât ensuite d'être infidèle à ses engagements, de ne pas prêcher d'exemple.

Pour les rats ils ne se firent aucun scrupule de venir ronger les souliers du Vénérable Abbé jusque dans ses pieds. Ils s'y acharnèrent même avec tant de rage qu'ils n'y laissèrent que la semelle. Le lendemain grand émoi dans le monastère.

Les frèrent vinrent de nouveau trouver le Saint Abbé et le supplièrent de ne pas tarder plus longtemps à châtier une telle insolence. Le Bienheureux ne put résister plus longtemps à ces supplications, il maudit au nom de Dieu les méchants rats dont l'insolence se portait à de tels excès. Or chose merveilleuse ! le lendemain on vit planer sur le monastère deux corbeaux d'une taille gigantesque, tels qu'on n'en avait jamais vu de mémoire d'homme. Ils s'abattirent sur les rats en questions, les poursuivirent avec un acharnement sans pareil à travers les crevasses des murailles, les ouvertures et les simples fentes de la charpente. Bref toute la gente rongeuse fut bientôt exterminée sous les yeux des frères. Mais ce ne fut pas tout encore : On vit alors ces exécuteurs des vengeances divines prendre l'un après l'autre les cadavres des rats qu'ils venaient d'exterminer, et les emporter si loin qu'on n'en vit plus trace ensuite dans la maison de Dieu. C'est ainsi, conclut l'auteur contemporain, que la patience héroïque du Père dissipa la tristesse des enfants, et que la malédiction lancée contre ceux qui avaient causé tant de désagrément aux religieux, amena leur prompte extermination (1).

(1) Vie latine de St.-Maurice, no 11-14.

XI.

Le biographe de St.-Maurice nous rapporte encore un autre miracle, qui ne manque pas d'une certaine analogie avec le précédent.

L'ennemi du genre humain ayant reçu pouvoir d'exercer sa cruauté sur le pays de Quimperlé où de grands crimes s'étaient commis, se servit pour cela du ministère des loups de la forêt voisine, et leur communiqua un tel excès de rage et d'audace que ces animaux ne craignirent plus de sortir de leurs retraites en plein jour, de s'attaquer directement aux hommes et de leur donner la mort à plaisir. C'est pour mettre fin à un si triste état de choses qu'une multitude de fidèles de Carnoët et des environs se rendirent à la cellule de l'homme de Dieu afin de trouver auprès de lui appui et protection et le supplièrent avec larmes de lancer une malédiction générale contre tous les loups. « Ce que « vous me demandez, n'est pas raisonnable, leur « répondit le bienheureux avec un grand sens. « Il ne serait point à propos de prononcer une « malédiction contre tous les loups, car s'il n'y « en avait plus, qui donnerait du pain à tant

« d'orphelins et de pauvres, pour qui préserver
« vos troupeaux de la dent des loups est leur
« gagne pain de chaque jour! Mais s'il y a des
« loups que le démon a rendu en quelque sorte
« siens et qu'il emploie à faire le mal, ce sont
« ceux-là et ceux-là seulement contre lesquels
« nous pouvons appeler toute sorte de malédic-
« tion au nom du Seigneur, et nous le faisons de
« grand cœur. »

L'exécution suivit de près le prononcé de la sentence, car dès le lendemain on trouva sur le territoire de la paroisse voisine, Moëlan un loup et une louve frappés de mort au bord d'une fontaine publique. Comme en outre depuis ce moment jusqu'au trépas du bienheureux Père aucun loup n'eut plus l'audace dans le pays d'attenter à la vie d'un homme, il ne fut douteux pour personne que c'étaient ce loup et cette louve qui avaient été dans ces circonstances les instruments de Satan, les auteurs des morts tragiques sur lesquelles on avait eu à pleurer (1).

XII.

Un dernier fait va nous montrer avec non

(1) Vie latine de St.-Maurice, n° 6-8.

moins d'éclat quel empire souverain le B. Maurice exerçait sur l'ennemi du genre humain.

Un pauvre homme de l'île de Groix, en face de l'embouchure du Blavet avait perdu par suite d'un vol une pièce de toile. Cette perte lui fut si sensible, qu'il jura de s'en venger. Il fit donc le voyage de Loc-Renan près Quimper pour y consulter un sorcier qui devait lui faire connaître l'auteur du vol en question, mais à son retour il devint lui-même possédé du démon. Il chercha alors de tout côté quel reméde on pourrait apporter à un si grand mal, mais ce fut vainement. Enfin las de chercher, il s'en vint trouver l'homme de Dieu à Carnoët, reçut de ses mains l'habit de la religion, et recouvra une parfaite santé. Une année et demie se passa ensuite sans qu'il ressentit aucune atteinte de son mal, parcequ'il demeura pendant tout ce temps sous l'obéissance de l'homme de Dieu, mais ce laps de temps écoulé, voilà qu'il lui prend fantaisie de retourner dans son île et de s'y réunir à sa femme, au mépris du vœu de chasteté qu'il avait contracté. Or la nuit même qui suivit son arrivée, il se vit de nouveau sous la possession du démon, il en fut ainsi tout le temps qu'il demeura avec sa femme.

C'est pourquoi il se décida à revenir auprès du bienheureux père qui voyant son repentir lui pardonna et lui rendit avcc l'habit religieux le calme de l'âme et le repos des sens du corps.

Ce même homme obtint plus tard de son abbé la permission de recevoir la Croix, en raison du désir qu'il avait de visiter le tombeau de N. Seigneur et les lieux saints de la Palestine, mais quand il eut accompli son pélerinage, il commit de nouveau la faute d'aller retrouver sa femme au lieu de rentrer au monastère. Le châtiment suivit de près le sacrilège. Le diable s'empara de lui une troisième fois et le tourmenta si cruellement que ses voisins l'entendaient s'écrier : « Je marche avec lui, je marche avec lui. » Il finit cependant cette fois encore par se décider à revenir auprès du vénérable abbé qui le reçut à bras ouverts, et le délivra de la possession dont il souffrait tant, mais depuis lors, ni du vivant du B. Maurice, ni après sa mort il n'arriva à ce malheureux d'essayer de sortir du monastère, à moins que ce ne fut pour les affaires de l'Eglise. « Je craindrais qu'en le faisant, avouait-il sans détour,

(1) Vie latine de St.-Maurice, n° 15 et 16.

d'être de nouveau assailli et possédé par l'ennemi du genre humain. » (1)

XIII.

C'est à peu près tout ce que nous connaissons soit des actions et des vertus du B. Maurice, soit des prodiges qui le signalèrent de son vivant à l'admiration de ses contemporains, mais il ne faut pas craindre de le répéter, c'était à lui que la double abbaye de Langonnet et de Carnoët devaient toute la prospérité dont elles jouissaient à la fin du XIIe siècle.

Si ce double désert avait fleuri et s'était changé en un jardin de délices, c'était grâce à la sollicitude du Bienheureux, grâce à ses travaux et à ceux des frères dont il avait la direction.

Le B. Maurice avait passé à Langonnet au moins trente-deux années de sa vie. Son séjour à Carnoët ne fut pas aussi long. Quinze années seulement s'étaient écoulées depuis qu'il y remplissait les fonctions abbatiales, lorsqu'en 1191, le ciel le trouva mûr pour la récompense et lui révéla l'approcbe de sa mort. Cette nouvelle loin d'attrister le bienheureux, le remplit au con-

(1) Vie latine de S[t].-Maurice, n° 15 et 16.

traire d'une joie surnaturelle. Il se contenta de demander au Seigneur que son âme fut délivrée de la prison du corps le jour de la fête du glorieux Archange Saint-Michel, dont la mission spéciale est d'assister les chrétiens dans leurs derniers combats et de porter leurs âmes dans le séjour du bonheur sans fin. Ce vœu fut exaucé. Ce fut en ce même jour du 29 septembre que le B. Maurice, après avoir reçu pieusement tous les sacrements de l'Eglise, entra dans la voie de toute chair, et remit son âme bienheureuse entre les mains du glorieux chef de la milice céleste (1). Il était âgé de 76 ans, il en avait passé près de cinquante à l'ombre du cloître.

---

(1) Ibid., nº 17. Nous avons ici le vrai jour de la mort. Tout ce qu'on a dit à l'encontre n'est que fâble.

CHAPITRE II.

Miracles posthumes du B. Maurice.

I.

Si le B. Maurice n'avait brillé que de son vivant de l'éclat des miracles, cela n'eût pas suffi pour constater que sa mort avait été précieuse devant Dieu. Pour établir qu'il était digne des honneurs du culte public il fallait en outre qne des prodiges nombreux et incontestables se produisissent après la dissolution de son corps et autour de son tombeau, afin de rendre manifeste à tous que Dieu avait couronné ses mérites dans le ciel et l'y avait entouré de gloire et de puissance. Or c'est bien ainsi que les choses se sont passées, et la chose ne saurait être révoquée en doute.

Ainsi s'exprime en termes équivalents, sinon d'une manière littérale le biographe même du B. Maurice, et nous ne sommes ici que son écho (1). En preuve de la vérité de son assertion, il rapporte alors en détail une trentaine de miracles choisis parmi un bien plus grand nombre, nous

(1) Vie latine de St.-Maurice, n° 18.

dit-il, arrivés semblablement à sa connaissance mais dont il s'abstient de parler pour ne pas allonger son récit outre mesure (2). La plupart de ces prodiges ont trait à la guérison de maladies incurables, à la délivrance de dangers contre lesquels la sagesse humaine était impuissante. On n'y remarque pas moins de cinq résurrections de morts, et plusieurs autres miracles presqu'aussi éclatants. Nous allons les passer à notre tour en revue, mais brièvement et en les ramenant à cinq chefs pour plus de clarté.

Nous commençons par les miracles opérés en faveur des anciens familiers du saint abbé.

§ I. *Miracles opérés en faveur d'anciens familiers.*

II.

Le premier en date, selon toute apparence, de tous les miracles du B. Maurice eut pour objet la guérison d'un religieux du monastère même de Carnoët.

Ce frère de l'ordre des convers était tombé malade du vivant du Bienheureux, il souffrait de l'enflure du ventre et de quelques autres parties

(2) Vie latine de St.-Maurice, n° 4.

de son corps. Le vénérable abbé, le voyant inquiet à cet égard lui avait promis d'y apporter remède, mais seulement après que le malade aurait consulté les médecins. Or sur ces entrefaites Maurice fut lui-même appelé à quitter cette terre et la vie présente pour aller jouir du bonheur éternel, dans la compagnie des anges. Le frère convers dont nous parlons, se rendit alors à la tombe du Père vénéré et se mit à lui dire,les yeux pleins de larmes: «St.-Père Maurice,
« je n'ai pas eu l'avantage de recouvrer la santé
« de votre vivant, vous me l'avez cependant pro-
« mis, il faut donc que vous me payez votre
« dette après votre mort. »

Une prière animée d'un si vif esprit de foi ne pouvait manquer d'obtenir son effet. Aussi l'enflure, dont souffrait le religieux, vint elle à diminuer peu à peu, il recouvra la santé au même lieu, et ainsi le B. Maurice accomplit après la mort ce qu'il avait promis de son vivant (1).

III.

Une seconde guérison suivit de près celle-ci, eut également pour objet un religieux de Car-

(1) Vie latine, nos 44-45.

noët, celui qui avait été spécialement attaché au service du Père vénéré. Comme ce frère commençait à ressentir les atteintes de la fièvre, on lui conseilla d'aller passer une nuit sur la tombe même du B. Père. Il le fit et recouvra aussitôt la santé (1).

IV.

Puisque nous avons commencé par les miracles, que le saint homme opéra en faveur de ceux qui avaient eu l'honneur de vivre dans sa familiarité, nous ne pouvons taire, celui qui fut opéré par l'imposition de sa ceinture. Voici en substance ce que nous en connaissons. Une noble matrone de Quimperlé, celle dont nous parlions un peu plus haut, avait eu maintes fois l'occasion de venir en aide au Bienheureux, quand la pauvreté réduisit le monastère à souffrir de la faim ou de quelque autre nécessité du même genre. Aussi quand le Père vénéré eut rendu le dernier soupir, cette dame ayant témoigné le vif désir de posséder la ceinture du serviteur de Jésus-Christ, on ne crut pas devoir rejeter sa demande. La ceinture en question lui

(1) Vie latine, n° 19.

fut donc laissée en dépot. Or un jour l'idée lui vint d'en entourer la tête d'un sourd, qui se rendait en pélerinage au tombeau de l'homme de Dieu. Mais voici le prodige : cet infortuné n'était pas encore arrivé au terme de son voyage, lorsqu'il s'aperçut avec bonheur, que ses conduits auriculaires jusque là fermés s'ouvrirent d'eux mêmes, et qu'il lui était loisible de percevoir distinctement les sons et les paroles. Arrivé au monastère, il n'eut donc qu'à rendre ses actions de grâce au B. Maurice, et faire connaître à tous ceux qui était présents la faveur surnaturelle dont il venait d'être l'objet (1).

V.

C'est ici l'occasion de résumer brièvement le prodige opéré en faveur d'un moine de l'abbaye du Relec. Ce religieux il est vrai, n'avait pas eu. selon toute apparence l'avantage de connaître personnellement l'abbé de Carnoët, mais il n'en était pas moins son frère en religion, puisque le monastère du Relec était comme Langonnet et Carnoët un rejeton du grand arbre de citeaux. On peut donc l'assimiler aux familiers de Saint-Maurice.

(1) Vie latine, nº 55.

Voici le fait. Il y avait à Relec, un religieux dont une longue fièvre avait épuisé les forces. Son état paraissait désespéré. On n'attendait plus que sa mort. Deux jeunes frères qui étaient chargés de le veiller, s'acquittaient de leur mission avec tout le zèle, dont ils étaient capables, ils avaient déjà passé deux nuits sans fermer l'œil, mais la troisième nuit, ils s'endormirent par suite de l'excès de fatigues.

Pour le malade il ne dormait pas, la chaleur intérieure qui le dévorait, y mettait obstacle. Son visage n'en était pas moins couvert d'un nuage épais par l'effet de la gravité de son état, en sorte que ses yeux ne voyaient rien de ce qui reposait autour de lui. Mais tout à coup, une troupe de démons s'offrit aux regards intérieurs de son esprit. Ces êtres malfaisants étaient revêtus d'habits de diverses couleurs, lui offraient un vin pétillant dans des coupes de bois, bien plus il s'échappait de leurs corps, comme des rayons phosphorescents, par l'effet de leur puissance pour le mal. Survint alors St.-Benoit, revêtu d'un habit blanc comme neige. Il tenait à la main un breuvage dans un vase d'airain, et son premier soin fut de mettre en fuite la troupe infernale. Le B. Maurice suivant de près St.-Benoit, s'approcha avec lui du lit du malade. Il tenait à la main une potion assez semblable à du lait, et il défendit au diable sous les menaces les plus terribles d'oser approcher de nouveau du malade. Les deux saints ne s'arrêtérent par là : ils s'employèrent alors à redresser de leurs propres mains le frère affaibli, en glissant leurs bras sous ses aisselles,et lui offrirent la double potion qu'ils portaient, en lui disant : Reçois, fils très-cher, ce breuvage salutaire : C'est un antidote d'une grande efficacité, il va dissiper le mal de la fièvre, et te rendre le bien de la santé.

Le malade ne se le fit pas dire deux fois, il s'empressa de prendre cette double boisson. Enfin les deux saints de leur côté, avant de quitter le malade scrutèrent encore et examinèrent des pieds à la tête quel était l'état des membres de son corps.

On devine ce qui était arrivé. L'âme du frère malade venait d'être remplie d'une ineffable douceur, de suavité, en même temps qu'une douce chaleur pénétrait tous ses membres et repoussait loin de lui les ardeurs de la fièvre qui le dévorait précédemment. En un mot, à partir de ce moment le mal n'eut plus d'empire sur celui qui semblait auparavant privé de tout espoir de guérison (1).

§ II. *Miracles où se manifeste le pouvoir du B. Maurice sur les Puissances de l'Enfer.*

VI.

Le prodige que nous venons de rapporter n'est par le seul où le B. Maurice ait montré quel pouvoir il exerçait contre les esprits de malice. Dans une autre circonstance de nobles pèlerins qui se rendaient en pélerinage au saint tombeau rencontrèrent chemin faisant un malheureux jeune homme que le démon possédait et poussait à tous les excès de la rage et de la fureur. Il prenait plaisir en effet à mordre et à déchirer avec les dents ceux qui se trouvaient à sa portée ; il ne respectait même pas sa propre mère. Nos pélerins firent si bien par leurs caresses et leurs menaces qu'ils décidérent ce malheureux à se joindre à eux pour faire le saint pélerinage en leur compagnie. Or le possédé se trouva délivré avant même d'être arrivé à Carnoët (2).

(1) Vie du B. Maurice, n°s 34, 35, 36.

(2) Ibid., n° 23.

VII.

La délivrance d'un autre possédé fut entouré de circonstances bien plus extraordinaires. Il s'agit maintenant d'une personne du sexe, d'une jeune fille issue du plus noble sang. L'esprit malin était entré dans son corps l'avait rendue muette et la tourmentait si cruellement, ou plutôt l'animait d'une telle fureur qu'elle ne rougissait pas de déchirer à belles dent toutes les personnes qui se trouvaient sous sa main, et de leur enlever des morceaux de chair avec ses ongles. Il y a plus, souvent elle essaya de se pendre elle-même et de terminer ainsi ses jours : nous le savons par son propre témoignage et par celui de ses voisins. Le père et la mère profondément attristés de l'état de leur fille avaient entendu parler des miracles éclatants du B. Maurice : C'est pourquoi ils prirent soin de charger de chaines la malheureuse possédée et l'amenèrent ainsi au tombeau du saint homme mais il ne leur était pas possible de rester beaucoup de temps auprès de cette tombe, à cause du grand nombre de malades qui s'y pressaient, à ceux de la foule qui venait y acquitter des vœux, on porta la malheureuse possédée au lieu même où le Père avait rendu le dernier soupir. — En ce moment elle était comme privée de sentiment et tout le monde croyait qu'elle allait rendre l'âme, lorsque le B. Maurice, se montrant à elle à découvert commença par chasser le démon qui possédait son corps, puis se mit à parler dans le secret du cœur à la jeune fille, à l'instruire du mérite de la virginité, à lui demander si elle consentirait avec l'assentiment de son père à promettre de garder inviolablement jusqu'à la mort cette belle vertu. Ainsi mise en demeure de se prononcer, la jeune fille se réveilla alors comme en sursaut et se dressa sur son séant. On la vit avec un étonnement plus facile à concevoir qu'à décrire se frapper la poitrine en signe de repentir, étendre les mains et fléchir les genoux par vénération pour le B. Maurice qu'elle voyait présent devant elle. On la vit même le montrer du doigt à son père, mais elle se trouvait toujours dans l'impuissance d'articuler une seule parole. Quant au pauvre père, il ne comprenait rien à ce que sa fille voulait lui faire entendre. Tout à coup, ô prodige! au moment ou le B. Maurice se retirait, le lien qui retenait captive la langue de la jeune fille se rompit de lui-même et elle se mit à parler.

Ce fut pour demander à son père qu'il voulut bien lui accorder une faveur qui la mettrait pour toujours à l'abri des attaques de son ennemi capital, de celui dont elle avait eu tant à souffrir par le passé. En même temps elle raconta par ordre en présence de ses parents et d'une foule d'assistants comment elle venait d'être guérie, et comment le serviteur de Jésus-Christ avait exigé pour cela qu'elle lui fit promesse de se consacrer à Dieu par le vœu de perpétuelle virginité. En entendant ce récit, le père plus ému qu'on ne saurait l'exprimer, laissa un libre cours aux larmes de joie, qui inondaient ses paupières, et se mit à rendre à Dieu des actions de grâce infinies. C'est assez dire qu'il accorda en même temps de grand cœur à sa fille la faveur qu'elle implorait et la liberté d'obéir de tout son cœur aux ordres du B. Maurice, ou plutôt il lui commanda de ne plus vivre, de ne plus penser, parler et agir que pour procurer la gloire de Dieu et de son serviteur fidèle. C'était à la vérité, vouer sa fille à la religion, consentir par conséquent à vivre pour toujours séparé d'elle, mais en définitive c'était aussi procurer sa délivrance, la délivrer du servage le plus cruel, et par conséquent agir en vrai père, en père rempli de l'affection paternelle la plus profonde, la plus sincère (1).

§ III. *Miracles où apparaît la protection du B. Maurice envers ses clients et ses dévots, et en général tous les malheureux.*

VIII.

Voici maintenant un certain nombre de faits où l'on verra de quelle puissante protection le B. Maurice se plaisit à couvrir ceux ou celles qui étaient fidèles à l'honorer, à visiter son tombeau, à l'invoquer dans le malheur.

Trois femmes s'étaient rendues de compagnie à Carnoët, pour rendre leurs hommages au puissant thaumaturge. A leur retour elles furent accostées par un malheureux jeune homme qui, dans le délire d'une passion honteuse, se saisit de l'une d'elles et, se préparait à lui faire subir les derniers outrages. Mais le B. Maurice ne pouvait permettre qu'on outrageât si audacieusement une de ses clientes. Il intervint donc : nous voulons dire qu'au même moment la main de Dieu s'appesantit sur le coupable. Le voilà devenu fou et

(1) Vie du B. St.-Maurice, nos 37, 38, 39, 40.

fou furieux, il commençait déjà à se déchirer les mains à belles dents lorsqu'on parvint à le garrotter avec de fortes chaînes. Encore craignait-on qu'il n'expirât sur l'heure, tant étaient horribles les tortures auxquelles il était en proie. Mais il arriva tout au contraire qu'ayant été conduit au tombeau du B. Maurice, il y donna des marques du plus profond repentir, promit de réparer sa faute et de ne jamais dans la suite en commettre de semblable. Ces bonnes dispositions jointes à la médiation du saint abbé firent trouver grâce au coupable auprès de Dieu et méritèrent même qu'il recouvrât son ancien état de santé. (1).

IX.

Le fait suivant est arrivé au village de Botoha entre Carhaix et St.-Nicolas du Pelem. Une mère de famille avait fait avec son fils le pèlerinage de Carnoët, pour se mettre sous le patronage du Bienheureux, et s'en retournait avec joie chez elle, lorsqu'aux environs de Botoha, survinrent trois voleurs qui se saisirent de son fils et le vendirent comme esclave au colon leur créancier. Or au même moment le diable s'em-

(1) Vie de St.-Maurice, n° 50.

para de ce dernier par la permission divine, et l'innocent recouvra de la sorte sa pleine liberté (1).

X.

A quelque temps de là un pauvre homme tourmenté en mille manière par un maître dévoré de la passion de l'avarice et qui voulait lui extorquer argent sur argent, finit par lui déclarer qu'il avait confié la garde de ses biens et de sa personne au B. Maurice.

Le maître répliqua dans un moment d'indignation : Hé bien ! ni Maurice ni André ne pourront te délivrer de mes mains. Ces paroles étaient à peine dites qu'on vit apparaître sous une forme visible le B. Maurice revêtu de l'habit blanc des cisterciens. Il demande à l'usurier pourquoi il tourmentait ainsi un homme qui avait mis en lui sa confiance et joignant l'effet à la menace, il priva le malheureux de la vue pendant trois jours entiers. Au bout de ce temps, le coupable se repentit de sa faute, et déclara qu'il était prêt à réparer tant l'outrage qu'il avait fait au saint, que les mauvais traitements auxquels il s'était porté vis-à-vis d'un de ses subordonnés. C'est

(1) Vie latine de St.-Maurice n° 9.

pourquoi le maître et le serviteur se rendirent de compagnie au saint tombeau. Le maître n'y offrit en aumône que trois sous, pendant que le paysan mettait douze écus dans le trésor de l'Eglise, ce qui eût lieu sans doute par esprit d'humilité, le puissant prenant de la sorte la dernière place et cédant l'honneur à celui qui n'était que son serviteur, mais aussi celui qui avait témoigné ainsi de son repentir recouvra l'usage de la vue dont il avait été si justement privé (1).

XI.

Dans une autre circonstance un prêtre qui s'en retournait chez lui plein de joie, après avoir visité le tombeau de Carnoët, rendu ses hommages au saint, prié devant ses restes mortels, commit l'imprudence de s'arrêter dans un endroit écarté pour y prendre quelques heures de sommeil. Car un paysan du voisinage profita de ce moment pour lui voler son cheval. Mais au même moment la main de Dieu s'appesantit sur le coupable : sa langue et d'autres membres de son corps furent à l'instant frappés de paralysie, et

(1) Vie de St.-Maurice, n° 26.

force lui fut de laisser là le cheval qu'il voulait entraîner au loin et garder pour lui (1).

XII.

Voici maintenant une pauvre veuve de Peurat en Pédernec, dans l'ancien diocèse de Tréguier. Elle n'avait pour tout bien qu'une truie qui se trouvait heureusement sur le point de mettre bas. C'était toute une fortune pour notre mendiante. Mais par malheur, comme cette truie n'avait point de gardien elle entra un jour dans un champ de fèves qui appartenait au voisin et y commit un certain dégât.

Le propriétaire étant survenu, prit la truie par le pied et lui administra une si rude volée de coups de bâton qu'elle en perdit l'appétit et qu'on crut qu'elle n'en pourrait survivre. La pauvre veuve en voyant sa bête en si piteux état fut en proie à une grande tristesse et poussa de profonds soupirs, mais elle fit mieux encore, elle se recommanda elle et sa truie au B. Maurice et promit de donner un des petits au Saint-Abbé si l'animal pouvait arriver à mettre bas. Or, à l'instant même la truie se met à manger un peu,

(1) Vie de St.-Maurice, n° 23.

recouvra ensuite son ancien état de santé et finalement mit bas en temps voulu sept petits cochons, dont l'un portait autour du cou un cordon bien tracé, une sorte de ceinture, signe manifeste que c'était celui-là que Saint-Maurice s'était réservé (1).

XIII.

Non loin de là, dans le même ancien diocèse de Tréguier, Alain et Prigent, gouverneurs de Plesidy, s'emparèrent un jour d'un écuyer de Plusulien et le retinrent en prison pour des motifs qui nous sont inconnus. Toujours est-il que le prisonnier obtint de se substituer pour un temps son propre frère.

Ce dernier entra en prison le premier jeudi de carême et il y fut aussitôt étroitement serré au moyen de coins de bois, nous citons les propres termes de l'auteur contemporain. Le malheureux s'était imaginé que sa détention serait de courte durée, mais elle se prolongea jusqu'aux ides de mai (15 mai), parce que son frère ne s'occupa plus de lui. Ennuyé d'un tel état de choses, le prisonnier songea alors à se recommander au

(1) Vie de St.-Maurice, n° 9.

B. Maurice, pour lequel il professait une grande dévotion. O prodige ! A peine avait-il réalisé cette bonne pensée, qu'il vit se rompre d'elles-mêmes ses chaînes et tout ce qui s'opposait à son élargissement (1).

XIV.

Voici un autre fait qui ne paraitra pas moins extraordinaire.

Un matelot Espagnol d'origine était possesseur d'un tonneau de grande dimension tout rempli d'un vin précieux. Un des cercles de ce tonneau étant venu à se briser un jour par accident, le vin se mit naturellement à couler et le pauvre homme n'avait aucun moyen d'arrêter cet écoulement, lorsque, des gens de Quimperlé qui se trouvaient là lui conseillèrent de se recommander aux prières du B. Maurice. Il le fit sans retard et par vœu. Or le vin cessa de couler au même moment (2).

XV.

Le B. Maurice étendait aussi sa protection sur les matelots battus par la tempête. En voici un exemple mémorable.

(1) Vie de St.-Maurice, nº 28

(2) Vie de St.-Maurice, nº 49.

Guillaume de St-Arnoul, chevalier, originaire du pays de Vannes était possesseur d'un navire chargé de vin que la violence des vents poussa un jour contre un rocher. Les matelots ne virent rien de mieux à faire dans le danger que d'aller se briser contre les rochers mêmes et de les escalader en quelque sorte.

Mais quand la tempête fut apaisée, ils se demandèrent avec anxiété si leur navire était encore assez entier pour tenir la mer où s'il ne serait pas plus expédient de le laisser et de recourir à d'autres moyens de sauvetage. Le fait est qu'on fit de vains efforts depuis le matin jusqu'à midi pour remuer le navire en question en sorte que tous demeurèrent convaincus qu'on ne pourrait l'arracher de là que pièce par pièce. Les choses en étaient là lorsque le propriétaire du navire revenu à lui-même se mit à jeter un profond soupir et voua son navire au B. Maurice. Or le soleil n'avait pas fourni en ce même jour les deux tiers de sa carrière que tous les obstacles qui s'opposaient à la mise à flot du navire ayant disparu le vaisseau redescendit du rocher sans aucune avarie et reprit tranquillement sa course à traver l'élément liquide. Qu'on juge de la joie des matelots et de la ferveur avec laquelle il se mirent à bénir le Dieu tout-puissant qui opérait de telles merveilles par le moyen du B. Maurice (1).

§ IV. *Guérison de maladies, de défauts de divers genres.*

Venons maintenant aux prodiges, qui ont pour objet la guérison des malades, des défauts, des infirmités de tout genre.

XVI.

Voici d'abord une pauvre femme de Pluneret près Auray qui avait perdu depuis deux ans l'usage de la parole. Elle vint avec son père au tombeau du B. Maurice, ils y prièrent ensemble avec ferveur, mais aussi la femme muette eut la joie de voir ses vœux comblés. L'usage de la parole lui avait été rendu lorsqu'elle reprit le chemin de son pays (2).

XVII.

A quelques temps de là on voit arriver au saint tombeau un jeune homme qui était sourd depuis l'âge de deux ans et avait en outre perdu l'usage de la parole. Le malheureux répan-

(1) Vie de St.-Maurice, nº 46-47.

(2) Vie de St.-Maurice, nº 27.

dit d'abondantes larmes en présence des restes mortels du serviteur de Jésus-Christ mais aussi sa langue y fut déliée et ses oreilles ouvertes en sorte qu'il recouvra le double bienfait de la parole et de l'ouïe (1).

XVIII.

Un troisième fait du même genre mérite encore d'appeler ici notre attention.

Deux femmes originaires de Belle-Ille en mer et légitimement unies en mariage à deux époux avaient perdu l'usage de la parole et firent le pélerinage de Carnoët pour implorer la protection du B. Maurice. Elle y arrivèrent un Samedi vers six heures du soir. Nous étions présents dit le biographe. L'une d'elle s'assit au pied du saint tombeau, y laissa appuyer sa tête sur le rebord et s'y endormit profondément. Or pendant son sommeil, le B. Maurice lui apparut et se mit à essayer de rompre les liens qui retenaient cette langue captive. Ce travail réveilla la pauvre femme dont nous parlons, mais, ô merveille! en s'éveillant elle s'aperçut qu'elle avait recouvré le plein usage de la parole.

(1) Vie de St.-Maurice n° 51.

La nuit suivante sa compagne fut l'objet d'une semblable faveur (1).

XIX.

Dans une autre circonstance, un pauvre homme dont le cou et les épaules étaient horriblement tuméfiés, se fit appliquer à l'endroit de l'enflure une emplâtre composée avec de la terre prise sur le tombeau du Bienheureux et détrempée dans de l'eau bénite. Dès le lendemain on vit sortir de ses chairs pourries quarante de ces vers qu'on appelle en breton GUERCHELET, et il fut radicalement guéri (2).

XX.

Une autre personne était atteinte de la maladie de la pierre. On lui fit revêtir un habit qui avait été à l'usage du B. Maurice, et peu après elle rendait par les urines un caillot groscomme un noyau de pêche. Elle était guérie (3).

Nous terminons cet article par la double guérison d'un épileptique et d'un boiteux dont l'état était des plus graves.

(1) Vie de St.-Maurice, n° 54.
(2) Vie de St.-Maurice, n° 31.
(3) Ibid. de St.-Maurice, n° 32.

XXI.

Le premier à la suite de plusieurs attaques d'épilepsie en était venu à ne plus pouvoir se servir d'aucun de ses membres, si ce n'est de la langue et de la bouche.

Ainsi étant réduit pour prendre toute espèce de nourriture à faire ce que font les porcs il approchait sa bouche du mets qu'il convoitait et l'ingurgitait ainsi. Le plus souvent aussi il laissait tout tomber sous lui urine comme excrément. Il en résultait que personne n'osait s'approcher de lui pour renouveler son linge ou ses vêtements à cause de l'odeur fétide qui s'exhalait de son corps. Ce malheureux passa trois semaines consécutives auprès du saint tombeau, il fit monter pendant ce temps vers Dieu et vers le B. Maurice la voix de la prière la plus ardente. Aussi fut-il pleinement exaucé, remis en pleine possession de l'usage de ses pieds et de ses mains, délivré de toute infirmité. Grand nombre de témoins oculaires nous ont attesté la certitude du fait, nous assure en finissant ce récit le narrateur qui nous sert de guide (1).

(1) Vie de St.-Maurice, n° 48.

XXII.

Le second malade dont il nous reste à parler appartenait par la naissance au territoire de Taupont, au diocèse de Vannes. Affligé tout à la fois d'une énorme bosse et d'une grave distortion de cuisse, il ne pouvait marcher que courbé en deux, appuyé sur deux bâtons, qui reposaient sous ses aisselles. Son état, on le voit était des plus misérables,de plus,les biens de la fortune lui faisaient défaut.

Aussi étant invité par de pieux fidèles à vouer un pélerinage au B. Maurice, il ne put songer à l'entreprendre qu'après que ces mêmes personnes eussent consenti par charité à subvenir aux dépenses que ce voyage entraînait. Enfin le voilà parti. En marchant il ne cessait de prier, tantôt du cœur seulement, tantôt de la bouche et du cœur. On l'entendait donc s'écrier : « Bienheu-
« reux Maurice, vous qui avez ressuscité des
« morts, ayez pitié de moi. — Comment pour-
« riez-vous m'abandonner, après avoir rendu la
« vue à des aveugles la faculté de marcher à des
« boîteux, une santé parfaite à des malades
« désespérés ? » Telle fut son unique prière pendant les trois premiers jours de son voyage. Mais

au bout de ce temps, il sentit comme une dislocation générale dans tous ses membres, et s'imagina qu'il allait succomber sous l'excès de son mal. Or bien au contraire en s'éveillant le lendemain il s'aperçut d'abord que par l'effet de la bonté du Tout-Puissant la bosse de son dos avait disparu. Il sortit ensuite du lit et remarqua avec bonheur que son dos n'était plus courbé, que ses nerfs avaient repris leur vigueur, et leur souplesse naturelle, que ses cuisses n'étaient plus distordues.

Bref il marchait droit et d'un pas alerte. Cependant il n'eut garde de s'arrêter en chemin, et de renoncer à se rendre jusqu'au tombeau du B. Maurice. Bien au contraire, il s'y rendit avec empressement, et se plut, arrivé là, à multiplier ses actions de grâce et l'expression de sa vive reconnaissance envers Dieu et St.-Maurice. Nous l'y avons vu pendant plusieurs jours, dit en terminant ce récit, l'auteur qui nous sert de guide, uniquement occupé à faire ce que les moines désiraient de lui, et nous prîmes dès lors la résolution de mettre par écrit la relation de ce que nous avions vu et entendu raconter à son sujet (1).

(1) Vie de St.-Maurice, nº 52-53.

§ V. *Résurrections de Morts.*

Nous avons réservé à dessein pour le dernier paragraphe de cette partie de notre travail une nouvelle catégorie de miracles. Ce sont ceux qui ont pour objet le retour de la mort à la vie : Il n'en est pas de plus éclatants. Il n'en est pas, par conséquent qui témoignent plus hautement de la saintété d'un personnage, et de l'excellence de la puissance surnaturelle, dont il jouit dans le ciel après sa mort dans le sein de Dieu.

Or il nous est permis de revendiquer en l'honneur du B. Maurice jusqu'à cinq résurrections de mort, réalisées dans l'espace de quelques années pour ne parler encore que de celles qui nous sont connues avec détail, car il y en eut plusieurs autres dont le souvenir s'est perdu (1).

XXIII.

Voici d'abord un pauvre homme qui avait eu jusqu'à sept enfants, mais sans pouvoir en conserver un seul, et même sans qu'aucun d'eux put recevoir le saint baptême. Quand ce malheureux père vit sa femme enceinte de son huitième fruit, il s'empressa de le vouer à St.-Maurice.

(2) Vie de St.-Maurice, nº 21.

L'enfant étant mort malgré cela, aussitôt après sa naissance, le père ne perdit pas courage, il ordonna de le porter au tombeau du Bienheureux. Or pendant qu'on le portait le nouveau né se mit de lui-même à pousser des vagissements. On s'empressa de le baptiser. Il vit encore présentement et jouit même de la plénitude de la santé (1).

XXIV.

Peu après une femme eut aussi la douleur de voir son fils rendre le dernier soupir entre ses bras. Le pauvre enfant demeura ainsi privé de vie depuis neuf heures du matin jusqu'au matin du jour suivant ; après quoi il revint à la vie parce qu'on avait invoqué pour lui le Bienheureux Maurice (2).

XXV.

A quelque temps de là, dans la paroisse de Bath (probablement le bourg de Batz près Guérande) un autre enfant plus avancé en âge gardait les troupeaux dans les champs et tomba tout d'un coup frappé de mort, peut être par l'effet de la foudre. Son père qui avait entendu

(1) Vie de St.-Maurice, n° 20.

(2) Vie de St.-Maurice, n° 21

parler des miracles du saint Abbé de Carnoët, le voua aussitôt au B. Maurice, et la vie fut rendue à l'instant même à celui que la faulx de la mort avait impitoyablement retranché du nombre des vivants (1).

XXVI.

Le fait suivant se passe dans les environs de Plussulien et de St.-Mayeux, où l'on voit encore une dévote chapelle élevée en l'honneur du B. Maurice et probablement en souvenir du miracle dont il va être question.

Un enfant de cinq ans jouait imprudemment auprès d'un moulin ; il fit un faux pas, tomba sous la roue et y fut comme broyé par la force des choses. On le retira de l'eau privé de vie, mais ses parents étaient pleins de foi, ils le vouèrent à St.-Maurice, et à l'instant même, ô prodige sans égal ! il reprit la vie et parut plein de santé (2).

XXVII.

La dernière résurrection que nous ayons à rapporter fut faite en faveur d'un bourgeois de Quimperlé et parut entourée de tant d'éclat

(1) Vie de St.-Maurice, n° 25.
(2) Vie de St.-Maurice, n° 30.

qu'elle était mentionnée dans une ancienne prose du missel particulier de Carnoët (1).

Un tout petit enfant, fils d'un habitant de Quimperlé étant tombé dans la rivière qui arrose cette ville, des hommes courageux se jetèrent aussitôt à l'eau et sondèrent l'Ellé dans tous ses coins et recoins de neuf heures du matin à midi sans pouvoir rien rencontrer. On en conclut naturellement que l'enfant était noyé. Cependant le père et la mère ne pouvaient se consoler d'un si grand malheur, ils s'arrachaient les cheveux de désespoir et leurs yeux étaient comme changés en deux fontaines de larmes intarissables. Ils finirent par vouer leur fils au B. Maurice et par déclarer que s'il revenait à la vie il serait pour le reste de ses jours consacré au service du St. Abbé. Or peu d'instant après que ce vœu était formulé le flot rejeta le corps de l'enfant sur le rivage à la vue d'un grand nombre de personnes. Mais ce corps n'était plus qu'un cadavre sans vie et sans mouvement. Aussi le recueillit-on uniquement dans l'intention de l'enterrer le lendemain avec honneur, et c'est dans ce même dessein qu'on le plaça dans la bière. Cependant le père

(1) Bolland., t. 6. Octob., p. 291.

et la mère ne cessaient pas de redoubler leur prière et de dire : « Saint-Maurice, rendez-nous « notre fils, glorieux Père, rappelez à la vie celui « qui doit vous servir fidèlement. Si vous faites « monter vers Dieu la voix de vos supplications, « elle sera infailliblement exaucée. » Mais pourquoi nous arrêter davantage ? continue à dire l'écrivain contemporain, le témoin oculaire. Le soleil n'avait pas encore achevé sa course que déjà l'enfant était rendu plein de vie à ses parents (1).

XXVIII.

Ce court aperçu sur les miracles opérés au tombeau du B. Maurice, dans le cours des quinze aux vingt premières années qui suivirent sa mort nous laissent déjà entrevoir d'une part quels sentiments de profonde vénération les populations voisines de Carnoët avaient voués à sa mémoire, quelle confiance elles professaient en la puissance des médiations auprès de Dieu, et d'autre part comment Dieu lui-même se plaisait à récompenser cette foi et cette confiance, à sanctionner ces hommages, à fournir une preuve irrécusable de la légitimité de ce commencement de culte que la

(1) Vie lat. St.-Maurice, n° 41.

piété des peuples s'empressait de décerner au saint abbé Cistercien.

Il ne nous reste plus pour mettre fin au présent travail qu'à montrer comment ce culte populaire n'a pas tardé à être sanctionné par l'autorité compétente, comment ensuite il a pris avec le temps des développements assez étendus, et s'est fidélement maintenu exempt d'interruption jusqu'à nos jours.

CHAPITRE III.

Culte de Saint-Maurice.

I.

Le culte du B. Maurice a commencé naturellement dans son monastère de Carnoët, et il remonte aux jours mêmes qui ont suivi son glorieux trépas.

On comprend sans peine, en effet comment les sentiments de vénération profonde dont le saint avait été l'objet ne pouvaient manquer de lui survivre dans la mémoire des peuples, on comprend comment l'éclat des miracles qu'il avait opérés avant sa mort devaient empêcher que son souvenir ne se perdit sitôt et ne disparut avec lui dans la tombe.

Mais il y eut plus encore. De nouveaux et plus éclatants prodiges signalèrent de rechef au lendemain du trépas du saint abbé le lieu de sa sépulture à l'attention publique et amenérent presqu'aussitôt les religieux de Carnoët à lever le saint corps de terre et de l'humble tombe qu'il occupait, confondu au milieu des frères décédés avant lui, pour le placer dans l'Eglise abbatiale elle-même et dans un endroit qui fut accessible à tous les pélerins, y compris les personnes du sexe (1). Ce premier transfert des restes mortels du saint fondateur de Carnoët fit naturellement bruit dans le pays, et ne contribua pas peu à augmenter le nombre, à accroître la ferveur des fidèles qui venaient implorer la protection du nouveau Thaumaturge.

II.

Bientôt ce concours en quelque sorte ininterrompu des foules auprès de la tombe de St.-Maurice (2), et l'éclat des miracles de jour en jour plus nombreux qui s'y produisaient, attirèrent l'attention de l'autorité ecclésiastique. L'évêque de Quimper, ordinaire du lieu, les évêques voisins de

(1) Vie latine de St.-Maurice, nos 19, 37, 38, etc. Boll. v. l. Maur. 1. Octob. n° 14.
(2) Vie latine, n° 28.

Vannes, de Saint-Brieuc, de Léon, de Tréguier et d'autres encore peut-être s'en émurent dès le commencement du XIIIe siècle, et convinrent d'unir leurs voix à celles des abbés de l'ordre de Citeaux réunis en chapitre général pour supplier Honorius III. qui gouvernait alors avec tant de sagesse, l'Eglise de Dieu, d'ordonner une enquête juridique sur la vie, les mérites et les miracles du B. Maurice et de procéder ensuite, s'il y avait lieu, à sa canonisation sollennelle.

III.

Le successeur de Pierre s'empressa de son côté de faire droit à ces supplications, et chargea du soin de faire l'enquête en question l'évêque de Léon et l'abbé de Sainte-Croix de Quimperlé. (Bref du 4 septembre 1221, donné à Riéti) (1). Ceux-ci procédèrent sans retard à l'exécution du mandat apostolique qui leur était adressé, se rendirent pour cela à Carnoët, convoquèrent les témoins, recueillirent de leurs bouches le récit des miracles aussi nombreux qu'éclatants et avérés, enfin ils en dressèrent en bonne et due forme une relation authentique qu'ils firent en-

(1) V. Mauriquo. Annal. cisterc. Anno 1223.

suite parvenir à celui dont ils étaient les mandataires. Par malheur, soit précipitation, soit tout autre motif ignoré de nous, ils commirent la faute de n'interroger les témoins qu'en masse (turmatim) et d'une manière publique, tandis qu'on aurait dû y procéder semblablement, isolément et en secret. Ce vice de forme rendait nulle toute la procédure : il fallait donc recommencer comme si rien n'avait encore été fait. C'est ce que le Souverain Pontife déclara dans un nouveau Bref, adressé cette fois (1 septembre 1225), aux évêqes de Quimper, de Tréguier, ainsi qu'au même abbé de Quimperlé [1].

Ces trois personnages recevaient en même temps délégation pour se rendre à Carnoët et procéder de nouveau, mais cette fois d'une manière plus régulière à l'audition des témoins oculaires ou autres qui avaient à opiner pour ou contre la sainteté du fondateur de Carnoët.

IV.

Qu'arriva-t-il ensuite ? Cette procédure suivit-elle son cours régulier ? Eût-elle pour couronnement une sentence solennelle de cano-

(1) Rayn. Ann. Eccl. Ann. 1225.

nisation ? Nous ignorons également l'une et l'autre chose. On ne trouve plus nulle part ni le Procès-verbal de cette enquête, ni le texte de la Bulle d'Honorius III, mais on peut néanmoins affirmer avec une entière certitude que le B. Maurice n'a guère cessé depuis lors d'être entouré de tous les honneurs religieux qui appartiennent en propre aux personnages dont la sainteté a été reconnue par le siège apostolique.

V.

D'abord Honorius III, déclarait déjà lui-même, au moins implicitement dans un Bref que le B. Maurice avait droit au titre de SAINT. Il y constate en effet que l'abbaye de Carnoët qui avait été fondée primitivement en l'honneur et sous le vocable de la Sainte-Vierge avait échangé ce nom de Notre-Dame pour celui de Saint-Maurice (1).

En second lieu la fête du B. Abbé se célébrait chaque année avec solennité dès le XIIIe et XIVe siècle, au moins dans le monastère de Carnoët et probablement aussi dans celui de Langonnet et ailleurs. Nous en avons pour garant un très-ancien missel (XIVe siècle) propre

(1) Second bref d'Honorius III, déjà cité.

à l'abbaye de Carnoët et dans lequel se trouvait une messe et une prose spéciale pour Saint-Maurice (1). L'image du saint ornait également l'autel principal de l'église de Carnoët, la croix de procession, les calices de choix, en un mot, on l'honorait à l'égal du patron du lieu (2).

En troisième lieu, l'abbaye bretonne de Saint-Méen n'appartient ni à l'ordre de Citeaux, ni au diocèse de Quimper que le B. Maurice avait embaumé du parfum de ses vertus. Cependant elle adopta de bonne heure, peut-être dès le XIVe siècle, la fête du Saint-Abbé de Carnoët (3). Ce fait est important : il prouve que le culte du saint dont nous nous occupons prenait dès lors des développements considérables et s'étendait peu à peu à toute la Bretagne. Plus tard à une date qu'on ne saurait guère préciser, ce culte fut adopté par l'ordre entier de Citeaux. Clément XI (v. 1710), éleva même la fête du Saint-Abbé de Carnoët au degré de double majeure (4).

(1) V. Acta. ss. t. d'Oct. de Sainte-Mauritio, n° 25.

(2) V. Acta., ss., t. 6. Octob. De St.-Mauritio, n° 24.

(3) V. Un cérémonial. Calendrier de cette abbaye écrit au XVe siècle et conservé à la bibliothèque nationale sous le n° 9889 (latin). La fête de Saint-Maurice y est fixée au 5 octobre.

(4) Ménolog. Cisterc. 13 octob.

VI.

En ce qui touche le clergé séculier de Bretagne, il paraît avoir tardé davantage à entourer le B. Maurice des mêmes honneurs religieux. La fête du Saint-Abbé ne se trouve en effet inscrite, à notre connaissance, sur aucun calendrier diocésain antérieur à 1783.

A cette date nous trouvons son nom dans le propre de Saint-Brieuc, 13 octobre, fête double. Celui de Quimper lui a accordé la même distinction, mais seulement en 1835 (5 octobre semi-double). Enfin si le nom de notre Saint-Abbé ne figure pas encore dans le calendrier du diocèse de Vannes, il est cependant l'objet d'une mention des plus élogieuses dans le propre du même diocèse (1).

VII.

Quant à la vénération populaire dont le bienheureux Abbé de Carnoët était l'objet dans les années qui suivirent sa mort, comme de son vivant, elle n'a subi aucune éclipse pendant le cours des âges ; elle a survécu à tous les ravages du temps, aux ruines que les révolutions ont ac-

(1) Voir les leçons du second nocturne de la fête des Saints-Vannes, au second dimanche de juillet.

cumulées autour de nous depuis sept siècles bientôt. Elle persiste encore aussi vivace qu'en 1191 et 1225 à Loudéac, à Carnoët et ailleurs ou plutôt sur presque toute l'étendue des trois diocèses de St.-Brieuc, de Quimper et de Vannes.

Nous en avons pour garants les huit ou neuf chapelles élevées autrefois en l'honneur de notre saint, toujours debout, toujours fréquentées [1]. Nous en avons pour garant aussi irrécusable l'affluence ininterrompue des pieux fidèles qui viennent à diverses époques de l'année lui rendre leurs hommages et implorer sa protection. Les uns se rendent à Clohars, dans cette chapelle vicariale, l'un des derniers débris de l'antique monastère de Carnoët que le serviteur de Dieu a construit de ses mains et sanctifié par sa présence, ou mieux qu'il continue à sanctifier par sa présence, puisque ses restes mortels y reposent encore.

(1) En voici la liste d'après des renseignements que nous croyons fidèles :

Carnoët, en Clohars,	diocèse de Quimper.
Bannalec,	id.
Loudéac,	diocèse de Saint-Brieuc.
Saint-Mazeux,	id.
Plédran,	id.
Plumergat,	diocèse de Vannes.
Inguiniel,	id.
Saint-Guzomard,	id.

Pour d'autres ils dirigent de préférence leurs pas vers Loudéac et son oratoire si cher à la piété des Bretons, en raison des souvenirs qu'il rappelle. Plédran, St Mayeux, et d'autres lieux encore attirent aussi plus d'un pélerin dévoué à St.-Maurice et pieusement désireux de mériter le patronage de cet ami de Dieu.

Langonnet a pendant de longs siècles présenté le même spectacle consolant, pendant de longs siècles les habitants y ont professé hautement des sentiments de dévotion particulière envers le glorieux serviteur de Jésus-Christ qui avait sanctifié cette solitude et changé ce désert en une terre fertile, en une terre de bénédiction. Les populations du voisinage accouraient alors à Langonnet avec le même empressement qu'à Carnoët, elles étaient animées du même désir, celui de rendre gloire à St.-Maurice et d'obtenir sa protection auprès de Dieu. Pourquoi n'en est-il plus ainsi aujourd'hui ? c'est qu'à la fin du siècle dernier il a été donné à l'impiété de prévaloir pour un temps, et de détruire en bien des lieux la chaîne des traditions et des usages séculaires. Mais patience ! encore quelques jours et Langonnet va rentrer en possession de son plus beau titre de gloire. La chaîne de ses traditions les plus vénérables, un moment rompue va se renouer pour toujours : Le B. Maurice va être réintégré dans un titre qui lui appartient pour tant de motifs, celui de PATRON DE LANGONNET. C'est tout ce que nous avions à dire de la vie, des miracles et du culte de St.-Maurice (de Loudéac) successivement abbé de Langonnet et du Carnoët. Puissions-nous avoir contribué en quelque chose à faire mieux connaître ce grand homme, l'une des gloires de la France au douzième siècle !

Puisse la lecture de ces pages que nous venons de lui consacrer enflammer les âmes d'un plus vif désir de marcher sur les traces d'un si admirable saint, et de mériter sa puissante protection contre tous les dangers de l'âme et du corps.

DOM-FRANÇOIS PLAINE.

Quimperlé. — Imprimerie TH. CLAIRET.

TABLE

DE LA VIE DE SAINT-MAURICE.

CHAPITRE Ier.

Vie proprement dite du B. Maurice.

CHAPITRE II.

Miracles posthumes.

Chapitre III.

Culte du B. Maurice.

52

BIBLIOTHEQUE NATIONALE DE FRANCE
3 7502 01005193 8

www.ingramcontent.com/pod-product-compliance
Lightning Source LLC
LaVergne TN
LVHW020434230826
846091LV00004B/1494

9782011911186